MÉMOIRE

RELATIF A L'ORGANISATION DE

L'ASILE PUBLIC D'ALIÉNÉS

D'ÉVREUX

**Et à sa gestion depuis le 15 Janvier 1866
jusqu'au 31 décembre 1872**

Par le Docteur VÉDIE

ALENÇON

E. De Broise, Imprimeur & Lithographe

PLACE D'ARMES

1874

MÉMOIRE

RELATIF A L'ORGANISATION DE

L'ASILE PUBLIC D'ALIÉNÉS

D'ÉVREUX

Et à sa gestion depuis le 15 Janvier 1866
jusqu'au 31 décembre 1872

Par le Docteur VÉDIE

ALENÇON

E. De Broise, Imprimeur & Lithographe

PLACE D'ARMES

—

1874

MÉMOIRE

RELATIF

A L'ORGANISATION DE L'ASILE PUBLIC D'ALIÉNÉS

D'ÉVREUX

Et à sa gestion depuis le 15 Janvier 1866 jusqu'au 31 Décembre 1872

PRÉSENTÉ AU CONSEIL GÉNÉRAL DE L'EURE

Par le docteur VÉDIE.

MONSIEUR LE PRÉSIDENT,

MESSIEURS LES CONSEILLERS GÉNÉRAUX.

Lorsque j'ai quitté l'Asile d'Evreux, au 1er janvier 1873, le montant cumulé de ses excédants de dépense, de 1866 à 1872, s'élevait, d'après le rapport de M. Lepouzé, sur le service des aliénés en 1873, à la somme de 110,216 fr. 33.

L'honorable rapporteur a indiqué les causes de cette situation.

L'Asile avait été ouvert au 1er août 1866 :

Au 31 décembre, nous accusions un déficit de..	9,416 fr. 09 c
Au 31 décembre 1867, nous constatons un second déficit de......	29,120 41
Soit, pour les deux exercices, un déficit de.....	38,536 fr. 50 c

« Ce double déficit, ainsi que le dit le rapport, était dû d'une part, « aux difficultés d'une installation considérable ; d'autre part, au « prix élevé des subsistances ; et enfin, au nombre peu élevé des « malades installés à l'Asile, eu égard aux frais généraux. »

C'est surtout à cette dernière cause qu'il faut l'attribuer. En effet, l'Asile qui, au premier août, devait être ouvert aux hommes et aux femmes, (près de 400 aliénés) ne le fut, par suite des lenteurs des travaux, qu'aux hommes (170) ; et la section des femmes qui devait être terminée dès les premiers jours de 1867, ne le fut qu'en mai

1868 (1). De là, des frais généraux hors de toute proportion avec le nombre des aliénés, et la cause incontestable et étrangère à l'administration de l'Asile, de ses premiers déficits. Le Conseil général le reconnut, et les faits ultérieurs l'ont prouvé.

En effet, si telle était la cause de ces déficits, l'admission des femmes devait y mettre un terme. C'est ce que je me crus en droit d'affirmer, au sein de la Commission du Conseil général, chargée d'étudier les questions de l'Asile, en 1867 ; et j'allai plus loin, en faisant espérer que, dans un temps prochain, l'asile serait en mesure de rembourser les avances qui lui seraient faites.

Quoique les femmes n'eussent été admises qu'au mois de mai 1868, l'exercice 1868 vint confirmer mes prévisions. Notre budget nous laissa un excédant de recettes de 10,719 fr. 06 c. sur lequel nous pûmes rembourser un premier à-compte de 6,000 fr.

Et, conformément encore aux prévisions que je pouvais énoncer au Conseil général, dans sa séance d'août 1869, en affirmant que nous avions déjà, à cette époque, un boni certain, qui nous permettrait de solder un second à-compte de 15,000 fr., l'exercice 1869 fut réglé avec un excédant de recettes de 21,008 fr. 16.

Je crois devoir faire remarquer que ces deux bonis de 1868 et 1869 n'avaient rien d'illusoire ; qu'ils étaient bien l'expression d'une situation financière réellement satisfaisante. Les dépenses du mobilier, de la lingerie, de la vêture, du coucher; celles de l'entretien des bâtiments, etc., comparées aux dépenses correspondantes de 1866 et de 1867 (2), mon compte moral, les justifications produites à l'appui de mon compte administratif, la délibération du Conseil général en font foi.

Comment donc se fait-il qu'à partir de 1869, nous n'avons plus à constater que des déficits, et que M. le Rapporteur de 1873 a été en droit de dire « qu'il avait le regret de constater que nos prévisions ne s'étaient pas réalisées. »

(1) L'Asile, d'après les instructions que j'avais reçues, devait être ouvert en avril. Mais, grâce à l'architecte, il ne put l'être qu'au 1er août. Déjà, à deux reprises, il avait fallu prier les administrations du Calvados, de la Seine-Inférieure, du Loiret, du Loir-et-Cher, de vouloir bien surseoir au transfèrement de nos aliénés. Mais, l'administration des hospices d'Orléans, (dont l'Asile n'est qu'une dépendance), ayant traité avec la préfecture de la Seine, pour recevoir des aliénés de ce département, nous fit connaître l'impossibilité où elle se trouvait de garder les nôtres plus longtemps, et nous mit en demeure de les reprendre.

(2) Voir les pages 12 et 17.

J'emprunte au rapport de M. Lepouzé les explications que, dans son impartialité, il présente au Conseil du département :

« Ces deux dernières causes (les déficits de 1866 et de 1867), ne
« nous ont pas paru étrangères au déficit postérieur ; mais elles ne
« sont pas les seules. En première ligne, il faut placer la gêne dans
« laquelle s'est trouvé l'Asile à toutes les époques, depuis son ins-
« tallation. Les paiements se font mal, les fournisseurs ne peuvent
« compter qu'ils recevront ce qui leur est dû, dans les délais fixés
« par les adjudications ; la concurrence ne s'établit pas, et l'on paie
« nécessairement plus cher ; quelques-uns des créanciers touchent
« des intérêts. D'un autre côté, les installations de boucherie, de
« boulangerie, de meunerie ont coûté à l'Asile ; on a eu affaire à des
« employés infidèles (1) : le fait a été constaté judiciairement. En se-
« cond lieu, les crédits n'ont peut-être pas toujours été affectés à leur
« destination ; on a construit des ateliers, une annexe du moulin ;
« on a acheté 4,000 fr. une horloge et beaucoup d'autres objets. »

Ce simple énoncé a pu suffire au Conseil général toujours maître de se faire rendre compte des faits : Mais, en est-il ainsi du public ? Le rapport de M. Lepouzé a remis à l'ordre du jour toutes les ques- tions relatives à l'Asile. Il a été publié. Les commentaires, venus jusqu'à nous, nous ont prouvé qu'il avait besoin d'être complété par quelques explications ! Tel est l'objet de ce mémoire. Mon respect pour l'opinion publique, mes devoirs envers mes collègues et mes confrères ; envers ma famille et envers moi-même m'en font une obligation !

Je ne referai pas ici l'histoire de l'organisation de l'Asile. Je n'en dirai que quelques mots.

Les constructions et l'achat du mobilier ont soulevé de graves questions. Mon nom y a été mêlé.

J'aurais, a-t-on dit, laissé faire des travaux vicieux et prêté la main à des marchés onéreux et irréguliers. J'ai protesté, dans mon

(1) Le boucher que nous avons attaché à l'Asile, et qui n'y a été admis qu'à la recommandation d'une personne des plus honorables, (la Commission de surveil- lance le sait), a trompé notre confiance. Vers la fin du premier semestre 1872, il a commencé à enlever de la viande, et a compromis deux autres employés, en leur en donnant. Il a été pris en flagrant délit, dans le courant de janvier 1873, livré à la justice et condamné. Les deux autres employés ont été aussitôt renvoyés. J'en cite le nombre, pour que les soupçons ne portent pas au-delà.

rapport moral de 1872, contre ces insinuations ; et j'en ai prouvé la fausseté. Ma tâche, aux termes de mes instructions, se bornait à fournir, (pour des installations et des emménagements qui voulaient l'expérience d'un spécialiste), les indications de ma compétence. Or, elles n'ont fait défaut à personne. Mes avertissements, non plus que mes conseils n'ont manqué, ni aux entrepreneurs, ni à l'architecte, ni à l'administration départementale. Ma correspondance, mes rapports de fin d'année, ceux de ma Commission de surveillance en font foi. J'aurais été au-delà de mon devoir si j'avais fait plus ; et j'aurais été bien mal inspiré, si j'avais été dénoncer des faits que tout le monde connaissait, et qui devaient d'ailleurs se dénoncer d'eux-mêmes. Les constructions, en effet, ne pouvaient être reçues que par la Commission spéciale des bâtiments. J'ai fait partie de la Commission déléguée à leur examen préalable. Ma conviction pouvait là, s'affirmer librement. J'ai loué ce qui était bien, j'ai blâmé ce qui était mal ; et j'ai signé le rapport approuvé par elle (1).

De même pour le mobilier, j'ai fourni tous les renseignements que l'on pouvait attendre de moi. J'ai produit des échantillons et des tarifs de prix, empruntés aux Asiles de Rouen, de la Rochelle et de Blois. J'ai désigné les objets qui devaient le mieux convenir à leur destination.

Mais, je n'ai point eu à fixer, ni le mode, ni les conditions des marchés. Je n'ai point eu à débattre, ni à fixer le prix des objets achetés. En un mot, je n'avais point à me faire juge de marchés qu'il n'appartenait qu'au Ministre, de rejeter ou d'approuver. (2).

(1) La Commission se composait de MM. d'Albuféra et de Brosseville, membres du Conseil général ; d'Ymieval, président du tribunal de 1re instance, membre de la Commission de surveillance de l'Asile ; Picquenot, ingénieur des ponts-et-chaussées ; Védie, directeur-médecin de l'Asile.

(2) Comme je l'ai dit, dans mon rapport moral de 1869, je n'ai point eu à disposer des crédits destinés aux constructions de l'Asile ; je n'ai point été chargé de la direction, de la surveillance ni du contrôle des travaux ; je n'ai point été chargé, non plus, des marchés, ni des achats du mobilier ; ma responsabilité ne pouvait donc être engagée dans ces opérations ; et elle ne l'a été dans aucune. La Préfecture, le Conseil général, l'administration supérieure le savent. Il importe que le public le sache aussi.

On a confondu les opérations de l'administration départementale, et celles de l'administration de l'Asile, sur le terrain commun de la création et de l'organisation de l'établissement, voire même sur celui de sa gestion. La confusion était fa-

Pour en finir avec ce qui a trait à cette période, et prouver que nous n'avons perdu de vue, ni les intérêts du département, ni les justes recommandations du Conseil général, j'ajouterai que j'ai dé-conseillé toutes les dépenses qui n'étaient ni urgentes, ni indispensables; ainsi celle du système de chauffage des pavillons des bains d'où une économie, d'après le devis, d'une trentaine de mille francs; l'achat de propriétés que leur enclavement, dans celle de l'Asile, faisait entrer nécessairement dans le plan de son organisation, mais dont les prix nous paraissaient hors de toute proportion avec l'avantage que nous en aurions retiré; ainsi encore, toutes les installations d'ordre secondaire, que l'Asile pourrait exécuter avec économie, quand il aurait ses ateliers et ses travailleurs, etc...

Je reviens aux faits de mon administration.

Pourquoi, depuis 1870, les excédants de recette espérés et promis ont-ils fait place à des excédants de dépense?

Faut-il rappeler les événements d'alors, la guerre, l'invasion, la peste bovine, la cherté des subsistances? Qui pouvait prévoir de tels événements?

Ils ont trompé nos espérances et déjoué tous nos calculs. Sans eux, nos promesses eussent-elles été hasardées? Nos engagements eussent-ils été vains?

Nous laisserons à chacun à prononcer. Nous nous contenterons de mettre en évidence leur influence sur notre situation financière et économique.

La viande que nous trouvions chère en 1868 à 1 fr. 25, nous a coûté en 1872 1 fr. 417 millièmes.

Le cidre, que nous avions payé 0 fr. 12 le litre en 1868, nous a coûté près de 0 fr. 16 en 1872.

___

cile, et le terrain glissant. Ce passage de mon rapport était une protestation indi-recte, contre l'erreur qui m'attribuait des actes auxquels j'étais absolument étran-ger. Si, en réalité, cette confusion avait eu lieu, le rapporteur de la Commission de l'assistance publique n'aurait pas ainsi terminé son rapport, dans la séance du 27 août 1869. « En terminant tout ce qui a rapport au service des aliénés, il est « juste de dire qu'un grand nombre de membres du Conseil général, ayant à leur « tête M. le Président, se sont rendus avant hier à l'Asile; qu'ils ont remarqué la « bonne tenue et l'excellente organisation de cet établissement, et ils se plaisent « à en rendre hommage à M. le docteur VÉNE qui le dirige avec un zèle et une « intelligence incontestables. » (Recueil des délibérations du Conseil général, page 190, session de 1869.)

Le charbon de terre que nous avions payé 39 fr. la tonne en 1868, nous est revenu à 50 fr. 78 en 1872.

Je ne parlerai pas des comestibles, parce qu'il faudrait entrer dans trop de détails. Chacun sait d'ailleurs, qu'ils ont augmenté de plus d'un tiers.

Chacun sait aussi que les prix de 1870 et de 1871 ont été plus élevés que ceux que je prends pour base de mes calculs. Si je m'arrête à ceux de 1868 et de 1872, c'est que je n'ai pas les autres. Ils me suffisent d'ailleurs, pour la démonstration que je veux faire.

Sait-on, en effet, si l'on applique les différences des prix ci-dessus, aux quantités consommées en 1872, par exemple, à quelle augmentation de dépense on arrive!

Pour 44,130 kil. 880 gr. de viande, elle est de . . . .   8,751 fr. 66

— 134,214 litres de cidre, elle est de. . . . .   5,328 fr, 30

— 248,716 kil. de charbon de terre, elle est de . . . .   2,929 fr. 81

Soit, rien que pour 3 articles, un surcroît de dépense ————

de. . . . .   17,012 fr. 85

par année; ou, pour trois années, 1870, 1871 et 1872, plus de 50,000 fr.

Et je n'ai pas parlé du pain, parce que nous l'avons payé moins cher en 1872 qu'en 1868.

En 1868, il nous a coûté 0 fr. 42 le kil. En 1872, alors qu'il avait augmenté partout, il n'est revenu à l'asile qu'à 0 fr. 352 millièmes.

Pourquoi cette différence? Parce que nous l'avons fait nous-mêmes. Or, la quantité consommée en 1872, a été de 172,833 kil. C'est donc, par suite de la seule différence de prix, et pour une année, une réduction de dépense de 11,752 fr. 65. L'installation de notre boulangerie se trouve donc justifiée.

Est-il bien certain qu'il n'en a pas été ainsi pour la viande?

Nous savons ce que, pendant l'invasion, elle nous a coûté (et, pendant plusieurs mois, nous l'avons payée au-dessous du prix d'adjudication de l'hospice); savons-nous ce qu'elle nous eût coûté, si nous l'avions achetée? Lorsqu'à la fin de 1869, je proposai d'ouvrir une boucherie, notre adjudicataire, dont le marché allait expirer, ne voulait le renouveler, pour 1870, qu'au prix de 1 fr. 75 le kil., pour un trimestre; ou 1 fr. 70, pour toute l'année. Pouvions-nous prévoir qu'elle se maintiendrait à un prix aussi élevé, aussi peu en rapport avec le coût habituel? Prix pour prix, ne valait-il pas mieux courir les chances d'une réduction? C'est ce que la Commission de surveillance a pensé, comme moi; et je suis convaincu que, quoique nous ayons eu des employés infidèles (1), l'ouverture d'une boucherie, à cette époque, du moins, a été une mesure économique.

Ainsi donc, les déficits de 1866 et de 1867, qui ne sont point de notre fait; les surcroîts exhorbitants de nos dépenses de consommation, par suite de l'invasion et de la peste bovine; les mesures prises pour en atténuer les effets, voilà déjà de quoi expliquer, en partie, notre situation financière.

Quand nous avons pris possession de l'Asile, il était loin d'être achevé. Partout, excepté dans la première division des hommes, il y avait à terminer des travaux de gros œuvre; partout il y avait à parfaire une foule d'installations de tout genre. Pendant deux ans, il nous a fallu vivre au milieu des ouvriers et des entrepreneurs; les uns et les autres revenant sans cesse, à des travaux qui ne finissaient pas. Il serait difficile de dire ce que cela nous a coûté, en frais de tout genre — usure d'effets, d'outils, de mobilier, etc.

La transformation de l'Asile, par suite des travaux du sol; la construction des chemins, l'établissement des jardins (le potager a près de 5 hectares) leur plantation, etc., ont exigé l'achat, le renouvellement et l'entretien d'un outillage et d'un matériel considérables et coûteux. Ce ne sont point là, non plus, des dépenses d'entretien ordinaire.

Enfin, le travail, dans un asile, est la condition de sa bonne tenue, de sa prospérité, et surtout, du bien-être de ses pensionnaires. C'est avant tout, un moyen puissant de traitement. J'ai cherché à le développer sous toutes ses formes, et à le mettre à la portée de toutes les aptitudes. De là, des ateliers de couture, de tailleur, de cordonnier, de menuisier, de serrurier, de ferblantier-zingueur, peintre, vitrier, maçon, etc.

Mais il ne suffit pas d'occuper toute cette population les jours de travail seulement. Il faut remplir le vide des jours fériés. De là, un orphéon, une fanfare, une bibliothèque, des jeux, voire même un théâtre mobile, monté et décoré par les malades.

Tout cela coûte. Il a fallu approprier les locaux, y faire les installations nécessaires, les pourvoir du mobilier et de l'outillage spéciaux

(1) C'est à partir de 1870 qu'ils l'ont été surtout: cela aussi a été constaté judiciairement.

de magasins de dépôt pour la matière à œuvrer et pour les produits œuvrés. Heureusement que les ouvriers eux-mêmes ont pu confectionner une bonne partie de leur matériel.

L'utilité de toutes ces dépenses n'a pas besoin d'être démontrée. Mais, on en a contesté l'opportunité. On s'est pressé, a-t-on dit !

On va en juger :

En 1865, l'architecte affirmait, devant la Commission des bâtiments du Conseil général, que l'Asile complétement terminé, aménagé et meublé, ne dépasserait pas, d'un centime, les crédits votés; c'est-à-dire 2,300,000 fr. (séance du 24 août 1865, recueil des délibérations du Conseil général).

En 1866, il demandait un supplément de crédit de **950,000 fr.** Ce crédit avait pour objet l'achèvement des bâtiments; les installations et emménagements restant à faire dans les services particuliers et généraux; leur ameublement; et surtout, celui de la section des femmes; et enfin, la construction de la buanderie, de la ferme et des ateliers de travail. Celle du pensionnat fut ajournée. Le Conseil général rejeta le crédit demandé pour les jardins et les plantations, et réduisit son allocation à 935,000 fr.

En 1867, un nouveau crédit de 230,000 fr. fut encore demandé ! Il fallait pourvoir aux dépenses complémentaires du mobilier, et à une foule d'installations et de travaux de détail, énoncés dans le rapport de M. le Préfet TOURANGIN.

Malheureusement, les crédits furent épuisés, sans que le programme fût rempli; et cela, à notre grande surprise, car, nous devions croire, d'après les affirmations de l'architecte, qu'ils suffiraient largement à l'achèvement complet de l'Asile. Il n'en fut pas ainsi. Les ateliers ne furent pas construits; la ferme ne l'est pas encore; et nombre de travaux de dernière main nous furent abandonnés. Il fallut bien en prendre son parti.

De là, le développement des nos ateliers, et, grâce à eux, l'exécution, à coup sûr, économique, d'une foule d'aménagements et d'installations indispensables; armoires, placards, meubles spéciaux; objets de ménage, instruments de tous genres, confectionnés par eux.

De là, l'achèvement du cimetière, dont l'ouverture nous avait été imposée dès le début du choléra (aux premiers jours de 1866), et la construction de ses murs d'enceinte, avec pavillons d'abri, pour les personnes et de dépôt pour les instruments.

De là, l'installation d'un nouveau système pour le filtrage de l'eau, si souvent bourbeuse, du Gord.

De là, la construction du ponceau du chemin de ronde; et, en prolongement de ce chemin, la construction d'un réservoir, avec vannes et dérivation d'un filet du Gord, pour l'épuration des eaux de lessive et l'emmagasinage de leurs résidus.

De là, l'installation des magasins de la dépense, dans les caves et dépendances de la cuisine; du bureau de l'économat, pour la réception des fournitures; — installations urgentes à tous les points de vue, et que je n'avais pas cessé de demander, dans mes rapports de fin d'année; tant que j'avais pu espérer que les crédits du département ne les laisseraient pas à notre charge.

De là encore, l'installation de la salle du Conseil, et son ameublement, avec les meubles du cabinet du Directeur, et leur remplacement par un mobilier plus simple, demandé par moi.

Et, comme acheminement à une organisation plus complète et plus conforme aux besoins du service, la construction d'ateliers pour le menuisier, pour le serrurier, le ferblantier-étameur; les locaux affectés provisoirement à ces services devant recevoir leur destination définitive.

De là, enfin, je l'ai dit, l'installation de la boucherie et de l'abattoir; de la boulangerie et du magasin aux farines; la réparation du moulin et de la meunerie, avec construction d'un pavillon annexe pour le nettoyage des grains; l'appropriation du logement du boulanger, etc.

Je ne rappellerai pas tous les travaux exécutés en six ans. Je ne rappellerai pas, non plus, certains achats et certaines installations spéciales dont l'utilité nous était démontrée par l'expérience de chaque jour et l'urgence, par un fait accidentel comme, par exemple, l'achat d'une pompe à incendie, au lendemain du jour où un idiot venait de mettre le feu à sa cellule; l'ameublement de quelques chambres de pensionnaires, pour des placements volontaires, quand ils nous étaient demandés; l'achat d'une horloge, indispensable dans un établissement où la ponctualité est une condition d'ordre, que chaque chef de service nous demandait depuis cinq ans, avec instance, et auquel nous ne nous sommes décidé que quand nous avons eu la certitude que nous ne pouvions l'attendre que de nous-même. Et, à propos du prix de l'horloge, je dirai qu'elle ne nous a coûté que 2,000 fr., et non 4,000 fr., comme le dit le rapport. Le rapport confond, avec le prix de l'horloge, la dépense qu'il a fallu faire, pour approprier le clocher à son installation.

Les dépenses, afférentes à l'entretien général des bâtiments et aux installations et emménagements dont nous venons de parler, se sont élevées :

En 1866, à	32 fr.	80
En 1867, à	292	91
En 1868, à	1,033	16
En 1869, à	2,368	52
En 1870, à	5,596	45
En 1871, à	8,398	12
En 1872, à	8,553	41
Soit, en tout..............	26,275 fr.	37

Il s'en faut que cette dépense représente l'importance des travaux exécutés. Elle ne représente guère que la valeur de la matière à œuvrer, des matériaux employés, et encore, avons-nous utilisé pour nos constructions, ceux que nous avons trouvés dans l'Asile, comme le sable, le silex et l'argile, dont nous avons fait de la brique. On sait, d'ailleurs, combien la main-d'œuvre coûte peu dans un Asile ; et combien un bon ouvrier peut rapporter, par le nombre d'aides dont il dispose. Aussi, avons-nous pu faire beaucoup avec peu.

Les résultats suivants le prouvent. Nous les empruntons aux états de travail des ateliers, produits à l'appui de nos comptes de 1870 et de 1871. Nous regrettons de n'avoir pas ceux des autres exercices.

Le relevé de 1870 nous donne, pour la	maçonnerie..	7,498 fr.	45
—	menuiserie .	1,957	25
—	serrurerie ...	1,301	90
—	peinture.....	332	50
	Soit....................	11.090 fr.	10
Celui de 1871 nous donne, pour la	maçonnerie..	7,242 fr.	98
—	menuiserie ..	3,757	95
—	serrurerie ...	2,199	35
—	peinture.....	650	»
	Soit.............	13,850 fr.	28

On peut les rapprocher des dépenses des années correspondantes : ainsi, avec 5,000 fr., en 1870, nous avons fait pour 11,000 fr. de travaux ; et, avec 8,000 fr., en 1871, nous en avons fait pour 13,000 fr.

Quelque considérables qu'ils soient, ces travaux n'entrent cependant pour rien, dans notre dette.

L'asile créé pour 500 aliénés pouvait, grâce à ses larges proportions, en contenir 800. Le département de l'Eure n'avait besoin que de 400 places. Nous pouvions donc disposer du reste. M. le Préfet Janvier eut l'idée, et je m'y associai, de les mettre à la disposition de ses collègues de Versailles et de Paris. De là, un traité avec le département de Seine-et-Oise, pour le placement de 50 aliénés ; et, plus tard, avec le département de la Seine, pour le placement de 400.

C'était réduire la dépense de premier établissement, de cinq à trois mille francs par lit, et atténuer singulièrement nos frais généraux.

Mais, dans l'intervalle, M. TOURANGIN avait été appelé à la préfecture de l'Eure ; plus tard, M. Michel MŒRING avait succédé à M. BLANCHE, au secrétariat de la préfecture de la Seine ; de là, quelques retards et de nouvelles démarches ; et enfin, une visite de M. le docteur GIRARD DE CAILLEUX, Inspecteur général du service des aliénés de la Seine, dont le rapport nous fut favorable.

Le placement fut décidé. Un traité fut conclu. L'administration de la Seine, chargée de le libeller, me l'envoya à signer, dans le courant de décembre 1869 ; et, à sa demande instante, je le lui retournai aussitôt pour qu'elle pût le soumettre à la Commission départementale de la Seine, dont la sanction devait en consacrer la validité, et qui l'approuva en effet.

Ce traité, on l'a mis en doute, parce qu'il n'existe plus. Une preuve qu'il a existé, c'est qu'il a reçu un commencement d'exécution, non-seulement pendant la guerre, et alors que les événements pouvaient justifier toutes les mesures d'urgence et d'exception, mais avant et après.

Aucun placement d'aliénés ne peut se faire, sans un contrat qui garantisse les intérêts des parties contractantes, et aussi, le sort des aliénés qui en sont l'objet. La loi et la plus vulgaire prévoyance en font une obligation. Comment admettre que deux administrations publiques s'en seraient affranchies, au risque de leurs droits et de leurs intérêts ?

Ce traité a existé. S'il n'existe plus ; c'est qu'il a eu le sort de tout ce qui a été incendié, à l'Hôtel-de-Ville de Paris ! Et, si l'Asile n'en possède pas un exemplaire, c'est que les changements survenus dans l'organisation administrative et dans le personnel de la préfecture de la Seine, et que les préoccupations du moment (il faut se reporter aux premiers mois de 1870), en ont détourné l'attention. Qu'on fasse appel aux chefs de service de la préfecture de la Seine, et aux membres de la Commission départementale qui ont eu à s'en occuper, et il est impossible que leur témoignage ne vienne pas confirmer le mien.

Mais alors, pourquoi (s'est demandé le Conseil général de l'Eure), n'a-t-on pas mis l'administration de la Seine en demeure de remplir ses obligations ?

Les faits suivants vont répondre à cette question.

J'emprunte, à mon rapport moral de 1870, le passage relatif à la question du placement des aliénés de la Seine, et à leur transfèrement.

« J'ai dit, dans mon rapport de l'exercice dernier, que j'avais
» traité avec l'administration de la Seine, pour le placement et l'en-
» tretien à l'Asile, pendant 10 ans, de 400 aliénés de ce département;
» dont 159 devaient nous être confiés dans le courant de 1870 ; et
» le reste, dans le courant de 1871. J'ai reçu, en effet, le 5 mars
» 1870, un premier convoi de 50 femmes. Le 14 suivant, j'en reçus
» un second de 40. Le 7 mai, je recevais 40 hommes. La guerre
» étant survenue, et le sort des armes nous ayant été contraire,
» M. le Préfet et M. le Sous-intendant militaire vinrent, le 27 juillet,
» me demander si je pourrais recevoir des blessés. Sur ma réponse
» affirmative, et conformément à l'avis de la Commission de surveil-
» lance, convoquée d'urgence, M. TOURANGIN m'autorisa à prendre
» les mesures nécessaires, pour organiser un quartier de cent lits.
» Dès le 19 août, j'informais M. le Préfet et M. le Sous-intendant
» que les 100 lits étaient à leur disposition. Mais, quelques jours
» après, l'administration de la Seine m'avisait de l'envoi de 100
» aliénés. Ils nous arrivèrent en effet, le 20 août. Par malheur,
» déjà, à cette époque, on considérait l'investissement de Paris
» comme imminent. Je proposai à la Commission de surveillance,

» de mettre encore 60 places à la disposition de l'administration de
» la guerre ou de la Seine, pour des blessés ou pour des aliénés.
» Par suite de décès et de sorties, j'avais 20 lits de disponibles, et
» je demandais un délai de 8 jours pour monter les 40 autres.
» J'écrivais dans ce sens à M. le Préfet de la Seine, le 6 septembre.
» Le soir même, je recevais un télégramme m'annonçant pour le
» lendemain, à 11 heures, l'arrivée de 60 aliénés. Nos dispositions
» pour les recevoir, furent improvisées immédiatement. Le len-
» demain 7, il nous en arriva 59, avec 6 heures de retard, ce qui
» nous permit d'être prêts. Le même jour, Paris était investi ! »

« La Commission de surveillance, dans sa délibération du 8 sep-
» tembre, relative à l'achat des lits et objets de lingerie et de velure,
» motivait son avis favorable, par l'obligation, pour les administra-
» tions publiques, comme pour les individus, de prêter leur concours
» et leur dévouement au gouvernement de la Défense nationale. Les
» faits qui précèdent prouvent que nous n'y avons point manqué. Ils
» justifieront la plupart de nos dépenses, nos opérations économiques
» et notre situation financière. »

En effet, notre budget de 1870 se réglait avec un excédant de
dépenses de 23,310 fr. 56. C'était loin de nos espérances de 1869.

Mais, pour monter les lits dont nous avons parlé, il nous a fallu
acheter pour plus de 90,000 fr. de mobilier. Cela a été une dépense
considérable, dont nous n'avons point eu tout le mérite; car l'initiative
ne nous en appartient point, mais dont nous avons eu toute la peine;
et nous ne la regrettons point, car les aliénés de la Seine concour-
ront à la prospérité de l'Asile. Or, cette dépense, vu son importance
et la plus-value qu'elle donnait au mobilier, méritait bien qu'on l'ins-
crivît en face de notre dette! Elle l'eût justifiée, en grande partie,
et nous regrettons de ne pas la trouver mentionnée dans le rapport
de M. Lepouzé.

Revenons à notre gestion ; pourquoi, une fois acquis, laissions-
nous ce mobilier improductif, au lieu de réclamer des aliénés de la
Seine?

A la clôture de 1870, il nous était dû 84,831 fr. 03; dont
34,884 fr. 62 par les familles et les communes de l'Eure,
47,001 fr. 20 par le département de la Seine et le reste par
d'autres départements.

Or, en dehors de nos prélèvements sur les pécules et les dépôts des aliénés, nous devions, à nos fournisseurs, presqu'autant qu'il nous était dû, 84,736 fr. 93.

Le département de la Seine, en plus du reliquat de 1870, nous devait, pour les dépenses courantes du nouvel exercice (1871), une somme à peu près égale; soit, pour l'ensemble, près de 80,000 fr.

Nous ne pouvions lui faire plus d'avances. Notre crédit était en souffrance; nos services économiques étaient paralysés; nos fournisseurs devenaient, chaque jour, plus pressants, et avec raison. Ils pouvaient être obligés eux-mêmes, de suspendre leurs fournitures.

Deux fois, j'avais été à Paris entretenir le Directeur de l'Assistance publique de notre situation, mais en vain; la situation financière de Paris, au sortir de la guerre et de la Commune, ne permettant pas de nous donner satisfaction. C'est alors qu'intervinrent successivement, auprès de l'administration de la Seine, M. Labbé, membre de la Commission de surveillance de l'Asile, conseiller général; et, après lui, M. Lepouzé, son collègue au Conseil général et à l'Asile, et membre de l'Assemblée nationale. Nous fûmes enfin payés; et nous pûmes, à notre tour, donner satisfaction aux plus pressés de nos fournisseurs.

Le moment, pour nous, était venu de rappeler à la préfecture de la Seine l'engagement de nous envoyer des aliénés.

Mais la Salpétrière, Bicêtre avaient été évacués au moment du siège! Elle avait à reconstituer l'effectif de leur population, et les vides faits à Ste-Anne, Ville-Évrard, Vaucluse. Elle ne put nous en envoyer qu'un petit nombre, à la fin de 1872; ce qui prouve que, si elle ne remplissait pas toutes les obligations de son contrat, elle n'avait point, du moins, la pensée de le décliner.

On peut maintenant, s'expliquer les affirmations de tous mes rapports, au sujet de l'existence du traité passé avec l'administration de la Seine, pour le placement de ses aliénés; ma réserve, au sujet de son exécution, tant que notre situation financière nous y a obligé; et le maintien de mes propositions budgétaires, pour le moment où leur admission deviendrait possible.

Mais nos budgets doivent être arrêtés 6 ou 7 mois avant l'ouverture de l'exercice auquel ils se rapportent; et il faut que nos adjudi-

cations soient passées de manière à assurer les besoins du service,
dès les premiers jours du nouvel exercice. De là, des prévisions en
vue de faits bien éventuels, bien aléatoires, surtout dans les circonstances où nous nous trouvions; de là, le risque de marchés,
excédant nos besoins et nous liant cependant, étroitement, envers
nos fournisseurs. Cela explique, en dehors de tant d'autres dépenses, nos excédants de 1871 et de 1872. Mais, qu'on le remarque, ces
excédants ont comme équivalents, des restants en magasin, qui,
selon leur nature, ont dû et devront profiter aux exercices suivants,
soit, comme produits de consommation, ou comme valeurs mobi-
lières.

J'ai relevé, pour chaque année, depuis 1866, le montant des dépenses de lingerie et de vêture, de coucher, de mobilier, qu'ont
nécessitées l'entretien ordinaire de ces différents services, et les
augmentations en rapport avec l'accroissement de la population, et
surtout, l'admission des aliénés de la Seine.

Disons, avant tout, que quand nous avons pris possession de
l'Asile, on ne nous a donné que 573 lits; — dont 500 pour les malades (nous en avions demandé 600) et que, quand nous l'avons quitté,
nous en avons laissé 858; — soit, 285 de plus que le nombre qui
nous avait été accordé.

Les dépenses de ces 285 lits se trouvent comprises nécessairement
dans celles du tableau suivant :

DÉPENSES ORDINAIRES ET EXTRAORDINAIRES

ANNÉE	LINGERIE et VÊTURE	COUCHER	MOBILIER
1866	327 fr. 25	290 fr. »	577 fr. 72
1867	4,008 17	1 »	1,856 81
1868	4,585 87	513 80	2,103 38
1869	8,315 97	610 50	9,106 83
1870	24,012 03	47,366 08	20,674 »
1871	6,851 62	24 »	15,270 38
1872	50,837 04	4,606 81	11,142 10

Les dépenses de 1868 et de 1869 confirment ce que j'ai dit, à propos des bonis et de la situation financière de ces deux exercices. (Page 4.)

Les dépenses de 1870 représentent, et au delà, le chiffre de 90,000 fr. que j'ai dit avoir été attribué à l'organisation d'un service d'ambulance ou d'un quartier d'aliénés.

Celles de 1871 (dont les crédits, pour la lingerie et le coucher s'élevaient ensemble à 31,865 fr., et sur lesquels nous n'avons dépensé que 6,878 fr. 62) prouvent que, selon l'engagement que nous avions pris, nous avons réservé, sur ces crédits, de quoi payer notre excédant de dépenses de 1870 (23,340 fr.). Malheureusement, la cherté des vivres a trompé nos prévisions et a tout absorbé.

Enfin, les dépenses de 1872 ont eu pour objet de remonter notre lingerie et notre vestiaire, et de compléter notre mobilier, pour les mettre en rapport avec les besoins généraux du service et les besoins particuliers des aliénés de la Seine (sur lesquels nous comptions), et qui avaient été prévus au budget. Mais, nous l'avons dit, ils ne nous sont venus qu'en petit nombre, et seulement dans les derniers jours de l'année. De là, des dépenses considérables sans recettes proportionnelles.

Mais, le placement des aliénés de la Seine, à Evreux, est inévitable. L'Asile d'Evreux est un des plus rapprochés de Paris. Il offre aux aliénés de la Seine des conditions de confortable que peu d'Asiles réunissent au même degré. Il y a solidarité d'intérêts entre les deux administrations de la Seine et de l'Eure. Mes successeurs verront se réaliser, je l'espère, une situation qui a été l'objet de tous mes efforts; et les mesures que j'ai prises au milieu de tant de difficultés et de circonstances aussi exceptionnelles, resteront le point de départ d'une prospérité dont le développement leur appartient.

Tels sont les faits, dans ce qu'ils ont d'essentiel.

Mais, nous avons eu recours à des mesures extra-réglementaires! Il importe de les expliquer. Pour cela, jetons, sur les événements, un coup d'œil rétrospectif, et examinons-les en ce qui nous concerne.

Pour répondre à la sollicitude de l'administration et organiser un quartier d'ambulance, car tel était le but d'abord, il fallait des lits! Mais, où les prendre alors? Où même trouver de quoi les faire? Le temps pressait. Il fallut aller chercher du fer à Rouen; de la laine au

Havre; des couvertures à Beauvais; et le reste, où l'on put. Grâce au zèle de trois de nos fournisseurs habituels, MM. Boye, Huet et Lemesle, tout cela vint à point et à un prix très-modéré pour les circonstances; car nos lits, tout montés, ne nous ont coûté que 149 fr. 05. Ceux de notre dernière adjudication nous avaient coûté 138 fr. 80. L'augmentation des toiles et des draps ne fut que de 0 fr. 75 par mètre; celle des autres tissus, que de 0 fr. 05 (Voir notre rapport de 1870). Mais, ce n'était pas assez que d'avoir la matière première. Il fallait la confectionner, en faire des couches; ce fut l'affaire de l'entrepreneur; en faire des draps, des matelas, des traversins, etc; ce fut l'affaire de nos malades. Tous s'y mirent; et je me rappelle avec quel entrain, quelle verve de charité et de patriotisme; car ils savaient nos malheurs, il savaient pour qui ils travaillaient. A cela près de quelques lits sans couche, dressés par terre, et acceptés par les plus valides, tout fut prêt; et nos 59 parisiens purent être installés aussi bien qu'en temps ordinaire.

Il leur fallait cela, car c'étaient, presque tous, des vieillards; 7 étaient âgés de 60 à 70 ans; 6 de 70 à 80; 6 de 80 à 93. Presque tous étaient paralysés et grabataires; et la plupart, habitués depuis 20, 30, 40 ans et plus aux soins hospitaliers de l'administration de la Seine. Ils étaient partis, à 6 heures du matin, de la Salpêtrière et de Bicêtre. Ils devaient arriver en quelques heures. Mais, on se rappelle le sauve-qui-peut général de la dernière heure, l'encombrement et la confusion inévitables des gares. Ils n'arrivèrent à l'Asile qu'entre 6 et 7 heures du soir, par un temps humide et glacial, triste et sombre comme les événements, tous exténués de fatigue, de faim et de froid. Leur vie ne tenait qu'à un fil. Trois moururent le lendemain; et, des 57, il ne nous en restait plus, au 31 décembre suivant, que 14. Leur court séjour fut, pour l'Asile, une lourde charge. Nous avons eu, du moins, la consolation d'avoir fait pour eux tout ce que nous avons pu.

Mais la population de l'Asile s'élevait encore à près de 800 personnes. Que d'expédients, que d'efforts de tout genre, pour assurer leur existence! Un jour, c'était le boucher qui manquait de parole. On avait arrêté un convoi de bêtes qu'il attendait; le lendemain, c'était le boulanger; on avait requis tous les fours de la ville, pour des troupes de passage; un autre jour, c'était l'épicier, etc.; mais ce qui nous manquait surtout, c'était l'argent!

La délégation de Bordeaux nous délivra une fois un à-compte de 10,000 fr. ; nous lui en avions demandé 20,000; une seconde fois, elle nous en délivra un de 20,000 fr.; mais la trésorerie du Calvados refusa de nous le solder; la trésorerie de l'Eure devant reprendre son service. En attendant, il fallait vivre et compter sur nos fournisseurs qui ne pouvaient compter sur nous.

Dirai-je, en dehors de cela, les difficultés d'un service désorganisé par les prélèvements opérés sur le personnel de l'établissement, par les levées successives des anciens contingents, des mobiles, des mobilisés! A quoi bon? Tout cela ne saurait entrer en ligne de compte dans les questions de chiffres. Il suffit que l'on sache pourquoi nous n'avons pas fait d'adjudication; pourquoi nous avons consenti des intérêts à quelques uns de nos fournisseurs; pourquoi nous avons emprunté aux pécules et aux dépôts de nos malades; pourquoi nous avons dû recourir à des crédits supplémentaires, à des transports de crédits.

Toutes ces mesures exceptionnelles ne se justifient-elles pas par des causes exceptionnelles ; par des évènements sans précédent ?

La loi a placé, au-dessus de la direction des asiles publics, une Commission chargée d'éclairer, de surveiller et de contrôler ses actes. En présence des difficultés d'une situation aussi anormale et aussi grave, j'ai fait un appel, plus instant que jamais, aux lumières et au dévouement de ma Commission. Ses délibérations, comme je l'ai dit dans mon rapport moral de 1870, prouvent la part qu'elle a prise à toutes nos opérations administratives, financières et économiques ; et il n'y en a pas eu une seule, alors et depuis, n'ait été, de ma part, l'objet d'un rapport spécial ; qui n'ait été, de la sienne, l'objet d'un examen approfondi ; et qui n'ait été, de la part de l'administration préfectorale, l'objet d'une autorisation en règle ! Voilà encore ce qu'il importe que l'on sache bien ! La Commission de l'Asile m'a vu à l'œuvre ! Elle a pu suivre, un à un, tous mes actes ! Elle m'a honoré d'une grande confiance, et m'en a donné un témoignage spontané ! Je termine par là, ce mémoire, parce qu'aucun titre ne fixera mieux l'opinion sur mon compte.

« Les membres de la Commission de surveillance de l'Asile dé-

« partemental, soussignés, apprenant, avec autant de surprise que de
« regrets, que M. le docteur Védie, directeur de l'établissement, se-
« rait appelé à une autre direction, croient de leur devoir de lui
« donner, avec l'expression de leurs regrets, un témoignage de leur
« satisfaction, pour les services incontestables qu'il a rendus, pen-
« dant tout le cours de son administration ; et de reconnaître qu'il
« a apporté le zèle le plus entier, le plus dévoué et le plus soutenu,
« à l'organisation des services généraux et des services particuliers,
« sans en excepter un seul... Les malades, à l'installation desquels
« il a dû procéder, ont été toujours, l'objet de sa sollicitude la plus
« vigilante et la plus scrupuleuse. »

« Dans l'accomplissement de l'œuvre qui lui avait été confiée, et
« à laquelle il a dû suffire seul, il a fourni les preuves d'une apti-
« tude et d'une intelligence spéciales, comme d'une expérience con-
« sommée. Cette œuvre d'organisation, qui a dû traverser des cir-
« constances des plus difficiles, n'est point encore achevée ; elle a
« besoin, pour être continuée et menée à bonne fin, de rester dans
« les mêmes mains. »

« Aussi, les soussignés voudraient espérer que la mesure n'est pas
« définitivement prise ; et, dans l'intérêt bien entendu de l'établis-
« sement, ils verraient avec satisfaction, le maintien de M. le docteur
« Védie, dans ses fonctions à Evreux. »

Evreux, le 13 décembre 1872.

Ont signé ; MM. JOUEN, président de la Commission de surveillance,
LEPOUZÉ, maire d'Evreux, député de l'Eure.
D'IMBLEVAL, président du tribunal civil.
QUEMIN, membre de la Commission.
L. LABBÉ , membre de la Commission départe-
mentale.

Je me résume :

Malgré des dépenses considérables d'organisation et de premier
établissement ; d'appropriation et de construction de bâtiments,
d'installation d'ateliers et de services nombreux ; malgré des achats
considérables de mobilier et d'outillage ; malgré le double déficit de
1866 et de 1867 ; malgré la cherté excessive des subsistances et des
produits de consommation, pendant et depuis la guerre, je n'aurais

pas laissé *un centime de dettes*, sans les achats du mobilier de lingerie et de vêture, destinés aux aliénés de la Seine.

Ces achats se sont élevés, pour 1870 et 1872, à plus de 150,000 francs. La plus value mobilière qui en résulte, depasse donc la dette de l'Asile, de plus de 40,000 fr.

On comprendra que j'aie tenu à honneur d'en expliquer la cause, le caractère et le but.

Ces achats ont été faits, je le répète et j'y insiste, à la demande de l'honorable M. TOURANGIN, préfet du département, sur l'instance de l'Administration de la guerre, et sur des autorisations parfaitement en règle.

Ils ont eu, pour but immédiat, d'ouvrir une ambulance à nos soldats blessés ; et, pour but prochain, d'assurer des places aux aliénés de la Seine, dont l'admission nous était garantie par un traité.

Ils se justifiaient, d'abord et avant tout, par un double devoir d'humanité et de patriotisme ; et aussi, par une raison moralement moins haute, mais, pour moi, non moins impérieuse : la prospérité de l'Asile.

Le Conseil général est à même de connaître l'exactitude des faits. Il est à même de les vérifier.

J'ai donné à l'Asile d'Evreux tout ce que j'avais d'expérience et de dévouement.

Le rapport de M. LEPOUZÉ a constaté une dette considérable, sans l'expliquer suffisamment. Il a ouvert le champ à toutes les suppositions !

Le soin de ma réputation voulait ces explications !

Le Conseil général les accueillera avec l'esprit d'équité qui s'impose à toutes les consciences, et qui fait ma force, comme il fait son autorité.

Daignez agréer, Monsieur le Président, et daignez présenter, au Conseil général du département, l'hommage de mon profond respect.

VÉDIE,

Docteur-médecin de l'Asile d'Aliénés de l'Orne, ancien directeur-médecin des asiles publics d'aliénés de la Rochelle, de Blois et d'Evreux.

Alençon.—E. De Broise.—Oct. 1871.

www.ingramcontent.com/pod-product-compliance
Lightning Source LLC
Chambersburg PA
CBHW070216200326
41520CB00018B/5669